Couverture inférieure manquante

AF245041

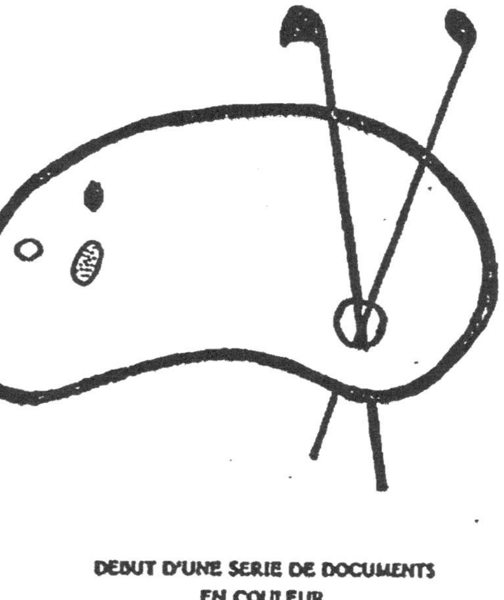

DEBUT D'UNE SERIE DE DOCUMENTS
EN COULEUR

CANAL DE SUEZ

LA VÉRITÉ

SUR LA

QUESTION DU TONNAGE

PAR

M. MORELLET, ancien notaire,

Membre du Comité central des Actionnaires de Suez, à Paris, et du Conseil d'administration.

1er Février 1872.

GRENOBLE,

BARATIER FRÈRES ET DARDELET, IMPRIM.-LIBRAIRES,

Grand'rue, 4.

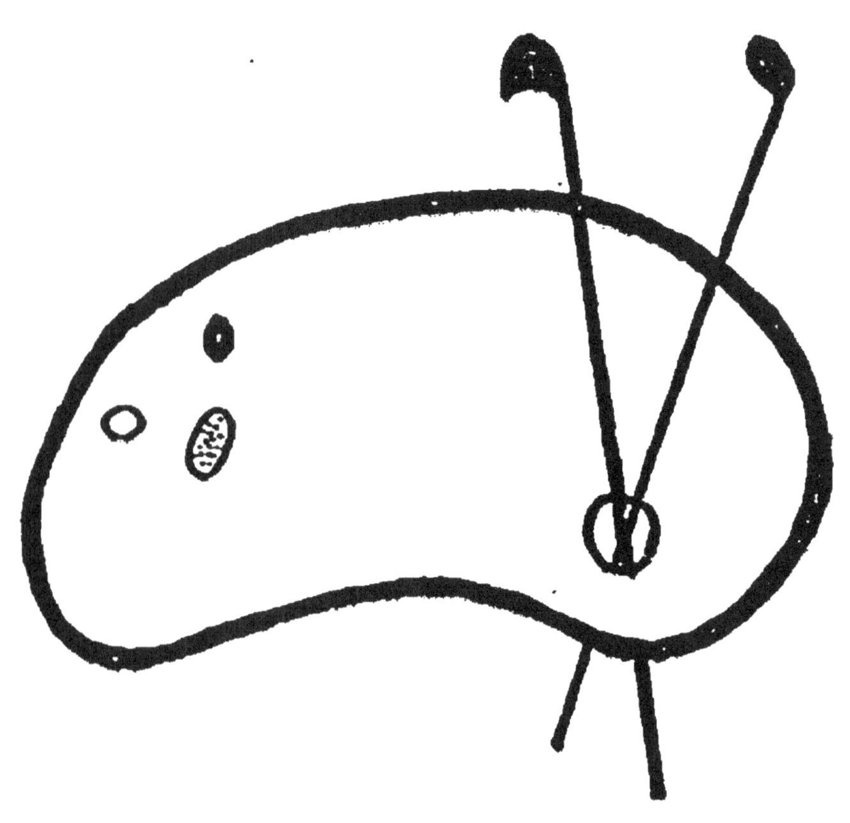

FIN D'UNE SERIE DE DOCUMENTS
EN COULEUR

LA VÉRITÉ : tel est le titre que nous avons donné, dès 1849, à plusieurs de nos publications sur la politique, sur l'économie sociale et même sur le canal de *Suez ;* titre auquel nous attachons d'autant plus de prix que c'est là le seul mérite auquel nous puissions prétendre : nous nous efforcerons donc de le maintenir par l'exactitude des faits et par la droiture de nos intentions.

En étudiant sérieusement la question du droit à percevoir sur les bâtiments transitant le *Canal de Suez*, conformément à la concession faite à la Compagnie, et en publiant le résultat de nos recherches, nous croyons, tout à la fois, exercer un droit et accomplir un devoir.

Notre droit est celui d'un actionnaire qui s'est exposé, à un âge avancé, aux fatigues et aux dangers d'une exploration lointaine pour décider en connaissance de cause et avec l'assistance de personnes compétentes, s'il devait aliéner les valeurs déjà considérables qu'il avait engagées dans cette grande œuvre, ou bien s'il devait en augmenter le chiffre, et qui n'a opté pour ce dernier parti qu'après s'être assuré du prochain achèvement du canal et des plus grandes probabilités sur son produit.

Le devoir de ce même actionnaire soit envers sa nombreuse famille dont cette détermination a suscité les inquiétudes explicables jusqu'à un certain point par des préventions et des dénigrements de toute espèce que l'ignorance, la cupidité et l'envie n'ont cessé de déverser sur cette entreprise, soit envers les personnes qui, sur ses conseils ou d'après son exemple, ont acquis des titres de Suez, soit envers le Comité central des actionnaires, à Paris, qui a contribué à son admission au conseil d'administration, principalement en vue de la question du tonnage et qui vient de l'honorer d'une mission spéciale à ce sujet, son devoir, à ces divers titres, est d'abord de lui rendre compte du résultat de sa mission, puis de répandre la lumière qui lui est parvenue, de faire cesser des appréhensions mal fondées, et, par là, d'empêcher des ventes à vil prix que provoque incessamment une odieuse spéculation.

Quant au conseil d'administration appelé à se prononcer sur le droit de transit, du moins en 1er ressort, il ne serait pas fondé à se formaliser de la publicité donnée par l'un de ses collègues à un travail dont celui-ci a été chargé par une autre assemblée, d'autant plus qu'il n'y a pas de litige entre deux parties opposées l'une à l'autre et qu'il ne s'agit que d'adopter le mode le plus favorable à des intérêts qui sont communs. D'un autre côté, le conseil d'administration devra nécessairement préférer un exposé succinct qui lui permettra d'en reconnaître l'exactitude ou les erreurs, à des explications verbales, sujettes à des interruptions et, par suite, à des absences de mémoire, à des défauts d'ordre et de logique et à d'autres inconvénients que nous pourrions d'autant moins éviter que nous manquerions de l'influence et de l'habileté nécessaires pour obtenir une attention et un silence soutenus.

Notre double position de membre du Comité des actionnaires et de membre du Conseil d'administration, (amplement justifiée comme on le verra plus loin) ayant donné lieu récemment à des observations inexactes et peu convenables, nous ferons remarquer que nous avons fait partie pendant notre longue carrière de nombreux comités, commissions, sociétés, conseils, congrès, etc., que nous en avons présidé plusieurs et que nous n'ignorons pas qu'ils exigent de la discrétion et de la réserve ; mais nous savons aussi qu'elles ont leurs limites et que des secrets recommandés deviennent trop fréquemment des secrets de comédie ; d'ailleurs, nous n'avons jamais aliéné, comme nous n'aliénerons jamais, notre indépendance, et il nous sera permis de rappeler ici que, pour là conserver nous avons refusé à plusieurs reprises d'importantes fonctions, notamment sous le gouvernement de juillet ; nous nous abstiendrons par convenance et par modération de certaines révélations et de toutes personnalités, du moins tant que la nécessité ne s'en fera pas sentir ; mais du moment où nous croirions que notre silence pût être nuisible aux intérêts des actionnaires et, par conséquent, aux nôtres, nous n'hésiterions pas à le rompre dans la mesure que les circonstances nous indiqueraient.

Cette publication a donc lieu tout à fait en dehors du Conseil d'administration et n'exprime aucune opinion autre que la nôtre ; nous le déclarons, au besoin, de la manière la plus formelle.

A ces préliminaires qui nous semblent indispensables pour justifier la publicité donnée à cet écrit, et avant d'entrer dans le vif de la question du tonnage qui en est le but nous ajoutons la reproduction des correspondances et de la délibération qui nous ont, en quelque sorte, obligé d'y prendre une part aussi active ; en même temps, elles éclairciront notre position envers le Comité des actionnaires comme envers le Conseil d'administration : cette reproduction nous a paru préférable à des explications nécessairement incomplètes et qui laisseraient la porte ouverte au doute et à la discussion. Le *Courrier de l'Isère* du 1er novembre 1871 a publié la correspondance ci-après :

Lettre du Comité des actionnaires de Suez à M. Morellet à Grenoble.

Paris, le 25 octobre 1871.

Monsieur et ancien collègue,

Vous ne pouvez ignorer que c'est principalement au Comité central des actionnaires de Suez de la rue de Louvois, dont vous étiez l'un des fondateurs, que vous devez votre nomination au conseil d'administration de la Compagnie. En effet, malgré tous les droits que vous y aviez, soit par les intérêts considérables que vous avez engagés dans cette grande œuvre, par les sacrifices et les fatigues que vous vous êtes imposés pour aller l'étudier sur les lieux, soit par votre honorabilité, votre expérience et vos lumières, vous aviez dû renoncer à votre admission au Conseil; vous l'avez vous-même, déclaré dans le journal le *Dauphiné* du 20 mars 1870 dont vous avez adressé au Comité un exemplaire qui est encore dans ses archives.

Auriez-vous oublié les engagements que vous aviez pris dans ce même article ainsi que dans plusieurs autres, et que vous avez renouvelés fréquemment dans le Comité, de poursuivre énergiquement la réforme du mode provisoire de perception du transit, à la fois défectueux et préjudiciable à la Compagnie? Ou bien, auriez-vous changé d'opinion à ce sujet, depuis votre introduction au Conseil d'administration? Vous paraissiez cependant avoir étudié cette question avec soin et avoir recueilli des documents importants; vous en avez même fait connaître plusieurs.

Ce qui donne à ce sujet des inquiétudes au Comité qui vient de se réorganiser en appelant à lui l'élément provincial, c'est qu'il a appris que vous êtes parti de Paris au moment où cette grave question du tonnage est soumise à une commission dont l'avis, s'il était erroné, pourrait entraîner une décision du Conseil d'administration contraire aux droits et aux intérêts des actionnaires: ceux-ci, privés depuis deux ans, de tout revenu, voyant la valeur de leurs titres constamment dépréciée à la bourse, et forcés, en outre, de recourir à un nouvel emprunt pour payer les obligations, redoutent, dans cette situation, et malgré l'augmentation continuelle du transit, une expropriation ou une cession du canal dans des conditions défavorables. Ils attachent donc une très-grande importance à la réforme d'un abus qui leur est aussi nuisible.

Le Comité attend de vous, Monsieur et ancien Collègue, une prompte réponse dans le *Courrier de l'Isère* auquel est envoyé un double de cette lettre avec invitation de la publier. Il espère que cette réponse sera satisfaisante et conforme à vos antécédents, et qu'elle ne fera que confirmer la confiance qu'il avait mise en vous.

Dans cette prévision, il vous prie d'agréer l'assurance de sa considération très-distinguée. — Pour le Comité: *Le Secrétaire*, *Signé*: Henri DEYROLLE.

Réponse de M. Morellet.

Gières, près Grenoble, 29 octobre 1871.

Monsieur le Rédacteur en chef du *Courrier de l'Isère.*

Permettez-moi de répondre, aussitôt que possible, à la lettre ci-dessus qui ne m'est parvenue qu'hier.

Tout en admettant l'influence que le Comité a pu avoir sur mon admission au Conseil d'administration, et dont je lui suis reconnaissant, je ferai remarquer que j'avais été proposé depuis plus de trois ans par notre honorable président, M. de Lesseps, qui m'a annoncé ma nomination dans les termes les plus bienveillants.

Ensuite, loin de renier mes antécédents, je me félicite et m'honore d'avoir participé à la fondation du Syndicat et du Comité qui ont, alors, soutenu la valeur des actions à la Bourse et ont largement contribué à la réalisation de l'emprunt des cent millions d'obligations. Mais, puisque le Comité est maintenant en voie de réorganisation en y appelant, *avec raison*, les actionnaires de la province, je prendrai la liberté de lui donner le conseil de n'admettre que des actionnaires *sérieusement* intéressés au succès de l'œuvre et de s'abstenir d'une hostilité qui lui serait évidemment nuisible et ne serait profitable qu'à ses adversaires et aux spéculateurs à la baisse; aussi, n'ai-je cessé de la regretter et de la blâmer.

Je me plais à croire que le Comité n'aurait pas exprimé dans sa lettre des inquiétudes et des craintes, pour le moins exagérées, sur la situation actuelle et sur l'avenir de cette magnifique entreprise, s'il avait eu connaissance de la circulaire adressée le 24 courant aux correspondants de la Compagnie, ensuite d'une délibération du Conseil d'administration à laquelle j'ai pris part, circulaire qui se trouve reproduite dans le dernier numéro de notre utile et intéressant *Journal de Suez* ainsi qu'un article très-significatif du *Times* sur la haute importance du *Canal*, et par conséquent, sur l'abandon *tacite du cap des Tempêtes*; il aurait acquis la preuve que le payement des deux coupons arriérés des obligations avec les primes et intérêts, ainsi que ceux à échoir en 1872, est assuré par l'augmentation incessante du transit, par les ventes déjà effectuées de quelques-uns des terrains avoisinant le canal, par l'adjudication prochaine de dragues et machines devenues inutiles et par des économies réalisées ou préparées, je le présume, avant mon admission au Conseil d'administration, et en n'admettant la réalisation des bons trentenaires que pour dix millions au lieu de vingt qui ont été proposés; d'où la conséquence que, si l'accroissement du transit continue et si l'application intégrale du droit de la Compagnie sur le tonnage peut avoir lieu sans inconvénient, les actionnaires et délégataires commenceraient à recevoir une part de dividende dès le second semestre de l'année prochaine 1872.

Enfin, le Comité, après avoir rappelé l'opinion que j'avais émise précédemment sur la nécessité d'une réforme du droit *provisoirement* établi sur le transit des bâtiments, me demande si j'ai changé d'avis depuis ma nomination d'administrateur; puis il me reproche, en quelque sorte, mon départ de Paris au moment où cette grave question est discutée par une commission nommée *ad hoc*.

Je crois que le Comité se serait abstenu de ces suppositions inexactes et peu bienveillantes s'il avait été informé de ce qui s'est passé dans l'une des séances de la commission à laquelle j'ai assisté et que certaines convenances ne me permettent pas de reproduire ici. En ce qui concerne mon départ de Paris, le Comité saura qu'il a eu un double motif, des devoirs de famille et des intérêts que je ne pouvais négliger, et un voyage à Marseille et dans un autre port de mer à l'effet d'y rechercher des documents plus positifs et plus complets que ceux que j'avais obtenus jusqu'alors sur cette même question si importante du tonnage; *je cherche la vérité avant tout et par-dessus tout.*

Veuillez, Monsieur le Rédacteur, agréer mes excuses sur l'étendue de cette lettre qui m'a paru nécessaire à ma justification, ainsi que l'expression de mes sentiments très-distingués de considération et de cordialité. — *Signé :* MORELLET, *ancien notaire.*

Nous ferons remarquer ici qu'en acceptant notre nomination au Conseil d'administration, nous avons exprimé l'intention de continuer à faire partie du Comité des actionnaires.

Après avoir recueilli pendant notre court séjour à Marseille quelques documents positifs, mais incomplets, sur la question du tonnage, notamment sur l'usage adopté dans le commerce du *mètre cube*, comme type moyen du fret des marchandises destinées à l'Orient, nous nous sommes hâté, pour assister aux débats engagés devant la Commission, de revenir à Paris : nous y avons retrouvé le Comité central des actionnaires en voie de réorganisation, conformément à nos espérances. Il a obtenu le concours soit de nouveaux actionnaires importants et honorables, notamment de M. Breton, député de l'Isère, qui en a accepté la présidence honoraire, de M. Aubert-Roche, médecin en chef de la Compagnie dans l'Isthme de Suez, et de M. le marquis de Raigecourt, ancien membre du Conseil d'administration, soit de divers comités de départements.

Mais d'abord, nous exprimons ici nos regrets de ce que le rapport si lucide et si remarquable qu'a publié M. Charles Lesseps, l'un des employés supérieurs de l'administration qui l'en avait chargé, n'ait pas paru suffisant à celle-ci pour l'éclairer sur les droits de la Compagnie, et qu'elle ait cru devoir réclamer l'avis d'une commission composée de fonctionnaires fort honorables, sans doute, mais disposés tout naturellement à seconder la propension qu'a tout gouvernement à préférer les intérêts du commerce à ceux de la Compagnie de *Suez ;* cette commission, il est vrai, n'a pas encore déposé son rapport, et la réserve que nous nous sommes imposée nous interdit toute révélation, même sur celles de ses séances auxquelles nous avons assisté, et, par conséquent toute espèce de discussion. Mais il n'en est pas de même quant au rapport qui lui a été fait par sa sous-Commission et qui a été publié.

Il débute dans les termes qui suivent et dont la reproduction nous semble utile à plus d'un titre :

« Quelques mois avant l'ouverture du canal de Suez, l'ad-
» ministration de la Compagnie avait chargé une commission
» d'examiner les questions se rattachant à l'exploitation du
» canal : entre autres, la question de la taxe à percevoir sur
» les navires en transit.

» L'article 17 du deuxième acte de concession qui établit les
» droits de la Compagnie, autorise la perception sous les trois
» conditions suivantes :

» 1° De percevoir les droits sans aucune exception ni faveur,
» dans des conditions identiques ;

» 2° De publier les tarifs trois mois avant la mise en vi-
» gueur, dans les capitales et les principaux ports de com-
» merce des pays intéressés ;

» 3° De ne pas excéder pour le droit spécial de navigation,
» le chiffre *de 10 francs par tonneau de capacité* des navires et
» par tête de passagers ;

» En raison des complications des questions de jaugeage
» et de la diversité des règles des différentes nations, la com-
» mission fut d'avis de percevoir *provisoirement* les droits de
» navigation, d'après le tonnage officiel *porté sur les papiers*
» *du bord ;*

» Ce mode de perception a été appliqué depuis le commen-
» cement de l'exploitation ; or, durant cette première période,
» on a reconnu que la *majorité* des navires traversant le canal
» portaient un nombre de tonnes de marchandises *bien supé-*
» *rieur* au tonnage *officiel*, et l'administration de la Compagnie
» a réuni une nouvelle commission à l'effet d'examiner s'il
» n'y avait pas lieu de modifier la base de perception ac-
» tuelle. »

Mais, nonobstant cette dernière et grave considération, nonobstant la situation fâcheuse de la Compagnie de Suez, qui,
pour se libérer envers ses obligataires a été obligée de recourir
à un emprunt, le rapport de la sous-commission, loin de fa-
ciliter la perception intégrale du droit dont la Compagnie a
été frauduleusement privée jusqu'à ce jour (ainsi qu'il l'a *lui-*
même reconnu), ne s'est préoccupé que du soin d'en restrein-
dre l'exercice, et, par conséquent, d'en diminuer les produits.
Cet avis de la sous-commission a vivement ému les actionnaires; ils ont craint qu'il n'exerçât une influence fâcheuse,

non-seulement sur la commission, mais encore sur l'administration et ensuite sur l'assemblée générale : ils ont dû chercher
les moyens de lutter contre un pareil danger et ont cru en
trouver un dans la délibération ci-après :

        « *Paris, 2 décembre 1871.*

  » Le Comité de défense des actionnaires de Suez à Paris,
» considérant :

  » Que la question si importante du tonnage est actuellement
» en discussion ;

  » Que les actionnaires ont le plus grand intérêt à être en-
» tendus avant qu'aucune décision ne soit prise par le Conseil
» d'administration ;

  » Que M. Morellet, l'un des membres du Comité, qui a déjà
» publié sur cette question des articles remarquables, est le
» plus en état de faire un voyage fructueux à Marseille pour
» y recueillir tous les renseignements nécessaires ;

  » Le Comité, à l'unanimité, prie instamment M. Morellet
» dont il a apprécié le dévouement , l'expérience et les lu-
» mières et qui est actuellement à Grenoble, de vouloir bien
» faire un second voyage à Marseille, soit pour y recueillir
» ceux des renseignements écrits qui lui avaient été promis
» et qui ne lui étaient pas parvenus, soit pour en prendre
» d'autres très-importants, notamment sur le mode de char-
» gement des bâtiments et le moyen pratique de mesurer
» leur capacité, quoique chargés ; en même temps, et pour
» l'aider dans ses recherches et pour l'accompagner dans son
» nouveau voyage, il désignera une personne compétente.

  » Il arrête que les frais de ce voyage seront remboursés à
» M. Morellet, tant par le Comité de Paris que par les autres
» comités en voie de formation dans les départements, au pro-
» rata de chaque action, persuadé que M. Morellet, pour qui
» la solution favorable du tonnage serait d'un très-grand
» intérêt et dont les sentiments de délicatesse sont bien

» connus, se refuserait certainement à recevoir aucun hono-
» raire. — Pour le Comité : Deyrolle, *secrétaire*. »

Nous ne pouvions refuser une semblable mission. La confiance dont le Comité voulait bien nous honorer et nos propres
intérêts ne nous permettaient pas d'hésiter : nous avons recueilli cette fois, avec le concours de la personne qui nous
avait été adjointe, des documents non pas seulement confir-
matifs de ceux qui nous avaient été précipitamment donnés
dans notre précédent voyage, mais encore beaucoup plus
complets, authentiques, indiscutables : nous espérons qu'ils
feront justice des erreurs commises par la sous-Commission.

Nous nous croyons dispensé de discuter les droits de la
Compagnie sur la navigation du canal de Suez ; le rapport de
M. Charles Lesseps les a constatés avec tant de clarté et de
précision que nous craindrions d'en affaiblir la démonstration
en y ajoutant de nouvelles considérations. Pour éclairer ceux
de nos lecteurs qui n'en ont pas connaissance et ne laisser
aucun doute sur cette question fondamentale, il nous suffira
d'en extraire (pages 3 et 4) l'explication suivante de l'article
17 du firman de concession du 5 janvier 1856 :

« La fixation des droits à établir et à percevoir sur le re-
» morquage, le pilotage, etc., est abandonnée à la discrétion
» de la Compagnie.

» Mais le droit de navigation est un droit spécial. il est
» fixé par tonne de capacité des navires et par tête de pas-
» sager, à un maximum de dix (10) francs.

» Dans cette seule limite de la perception devant s'exercer
» sur la tonne de capacité et par tête de passager, l'adminis-
» tration de la Compagnie est maitresse de l'échelle de ses
» tarifs. Elle est maitresse de réduire le droit de navigation
» au-dessous du maximum de dix francs, mais elle n'est pas
» maitresse de percevoir le prix de son tarif sur autre chose
» que sur *la tonne de capacité des navires*.

» La tonne de capacité est l'unité établie pour le droit de
» perception.

» La tonne de capacité multipliée par la capacité totale
» du navire, c'est-à-dire la capacité réelle du navire vide ou
» plein, comme base de la perception du droit, telle est la loi
» qui lie la Compagnie envers la navigation, la navigation
» envers la Compagnie. Nul Conseil d'administration n'y peut
» déroger, personne ne peut s'y soustraire.

» Le droit de 10 francs adopté par le Conseil d'administra-
» tion est donc dû en raison de la capacité seule, sans consi-
» dérer le vide ou le plein dans la cargaison du navire. C'est
» le principe reconnu, pratiqué sans réclamation, sans inter-
» ruption par la Compagnie et par le commerce, depuis le jour
» de l'ouverture du canal. Les navires, en tout état de char-
» gement, pleins, demi-pleins, vides, sur lest, ont toujours
» et tous payé uniformément le droit de passage de dix francs.

» Faisons observer qu'à l'époque de la concession, ce droit
» maximum de dix francs, imposé à la navigation, était calculé
» sur une dépense maxima de 200 millions à laquelle les
» ingénieurs et les membres illustres et si compétents de la
» Commission internationale évaluaient les frais de cons-
» truction du canal; par suite des oppositions, des difficultés
» de toute espèce accumulées sur le chemin de l'entreprise,
» au lieu de 200 millions, elle en a dépensé près de 500. »

Au reste, la sous-Commission, elle-même, n'a pas contesté
ces faits; elle ne le pouvait pas : seulement elle s'est efforcée
d'en faire une application aussi désavantageuse que possible
aux intérêts de la Compagnie : il est évident que si M.
Charles Lesseps s'est borné dans son rapport à constater (p.
86) que le type du tonneau français est de *un mètre cube* et
son poids de 1000 kilog., sans citer à l'appui aucun décret
ni aucun document, c'est qu'il devait supposer que ce fait
notoire et conforme aux usages du commerce maritime ne
serait pas sujet à discussion.

Mais la sous-Commission en a jugé autrement : ignorant sans doute cet état de choses, elle est remontée aux temps anciens, au règne de Louis XIV, à Colbert, au lieu de chercher la lumière dans les temps présents ; puis, après une élucubration historique, un calcul scientifique sur la conversion des anciennes mesures en nouvelles et la production d'une formule algébrique, elle s'est égarée, comme l'astrologue de La Fontaine, et elle a admis pour tonneau de capacité *1 mètre 44 centimètres* au lieu du *mètre cube* adopté et pratiqué par la marine française depuis plusieurs années : on comprend de suite que si cette opinion devait prévaloir il en résulterait pour les actionnaires une perte de près de la moitié du droit de transit : mais ils ne sauraient être victimes d'une erreur aussi flagrante, d'un oubli aussi complet des décrets, des tarifs et des usages de l'époque actuelle ; le bon sens et l'équité ne s'accordent-ils pas à reconnaître que ceux-ci doivent primer d'anciens réglements, us et coutumes qui ne peuvent plus être consultés qu'à titre historique ?

Nous apportons au lecteur le résultat de nos consciencieuses recherches : pour lui en faire apprécier les conséquences, nous y ajouterons quelques développements et des calculs que nous nous efforcerons de rendre aussi simples et aussi clairs que possible.

Et d'abord, nous reproduisons les décrets et réglements qui ont été édictés sur cette matière depuis Louis XIV et Colbert, c'est-à-dire plus d'un siècle après ces grands personnages :

En premier lieu, rappelons que la loi du 18 germinal an III contient ce passage : *mille kilogrammes, poids du mètre cube d'eau* ET DU TONNEAU DE MER.

Voici ensuite ce que nous avons trouvé dans le *dictionnaire universel théorique et pratique du commerce et de la navigation* édité par Guillaumin :

« En France, l'ancien tonneau de mer était une mesure de
» pesanteur égale à deux milliers, poids de marc, et une

» mesure de volume représentant quarante-deux pieds cubes.
» L'arrêté du 13 brumaire an IX, a fixé à 1000 kilos le
» poids du nouveau tonneau de mer, et ne l'a considéré
» que comme mesure de pesanteur. Toutefois des règlements
» postérieurs, notamment celui du 28 messidor an XIII, ont
» ordonné que le nouveau tonneau de mer, considéré
» comme représentant le volume d'un *mètre cube d'eau*,
» servirait de base au jaugeage des bâtiments. »

Une loi du 6 mai 1841 qui a modifié les droits de douane
à l'importation, n'applique ces droits que par kilogrammes,
par nombre et par *mètre cube*.

Dans le *Code-manuel des armateurs et des capitaines de la
marine marchande*, par V. Toussaint, ancien bâtonnier de
l'ordre des avocats du Hâvre, se trouve (p. 749) l'explication
suivante :

« L'application du décret du 25 août 1861, ne nécessite
» que des calculs fort simples : mais il ne faut pas perdre de
» vue que pour les produits dont la surtaxe doit être établie
» d'après le cubage, un *mètre cube* représente un tonneau. »

Enfin le *Dictionnaire de la marine à voiles et à vapeur* publié
par M. le contre-amiral Paris (2ᵐᵉ et dernière édition),
s'exprime en ces termes :

« Sur les bâtiments de l'Etat, le tonneau d'encombrement
» est *d'un mètre cubique* en général. »

Maintenant il importe de reconnaître si le commerce
français s'est conformé à ces prescriptions : nous avons pu
nous procurer et nous avons sous les yeux les *tarifs* imprimés
et en cours d'application, des principales compagnies.

Celui des *Messageries maritimes* (paquebots-postes français)
en date des 3 et 5 septembre dernier, annonce d'abord que
pour l'exploitation *aux Indes*, les marchandises sont taxées
au volume, au poids ou à la valeur, au choix de la Compagnie;
le prix du fret est réglé ainsi qu'il suit :

1° Marchandises fines, *par mètre cube*, ou 500 kilogrammes;

300 francs pour Aden et les Indes ; 400 francs pour Singapore, Saïgon ; et 500 francs pour Shang-Haï et Iokohama.

2° Tissus mélangés, soie-laine, drap, étoffes foulonnées, articles de Paris, par *mètre cube* ou 500 kilogrammes, 200 francs, 250 francs et 300 francs, d'après les destinations ci-dessus.

3° Tissus de coton, de laine commune, provisions, *liquides* et armes de guerre, toujours par mètre cube ou 500 kilogrammes, 150 francs, 200 francs et 250 francs, suivant lesdites destinations.

Quant à l'or, à l'argent, aux valeurs, aux perles, aux pierres précieuses, l'horlogerie, la bijouterie, etc., etc., ils sont taxés *ad valorem* jusqu'à un 1/2 p. 100.

Il n'est question nulle part de la tonne de 1 mètre 44, ni d'aucune autre que celle du mètre cube.

La même Compagnie, même pour la Méditerranée et la Mer Noire, se réserve toujours la faculté de taxer au poids, au cubage ou à la valeur, *suivant sa convenance*, fixe le prix de la tonne par *mètre cube*, de 25 à 40 francs, suivant les localités, sans se préoccuper du poids, sinon pour prescrire que les marchandises ne pesant pas plus de 250 kilogrammes seront taxées au cubage, même les *meubles neufs*. (Nous rappellerons plus loin cette particularité à l'occasion du tarif de la douane) et il n'y est fait aucune mention d'un tonnage autre que celui du *mètre cube*.

Les tarifs de la *Compagnie générale transatlantique* à l'exportation, fixent également le prix du fret au *mètre cube* ou aux 1000 kilogrammes, au choix de la Compagnie, et pour toute espèce de marchandises, à l'exception de la bijouterie, argenterie, or et valeurs précieuses, pour lesquels elle exige suivant les distances, jusqu'à 2 3/4 p. 100 ; elle admet exceptionnellement pour le Pacifique 40 pieds cubes anglais qui représentent seulement 1 mètre 130 ; quant à l'importation, elle reçoit la plus grande partie des marchandises au mètre cube, ou aux 1000 kilogrammes à son choix ; pour les autres et notamment pour le coton et la salsepareille, elle les prend aux 40 pieds cubes anglais, mais en se réservant de les taxer au poids, suivant les localités, depuis 10 c. jusqu'à 12 c. 1/2 par livre anglaise ; ce qui produit en moyenne 224 francs par 1015 kilogrammes ; elle n'admet les bijoux, espèces et objets précieux, qu'au taux de 1 à 2 3/8 pour 100 de leur valeur.

La Compagnie *Fraissynet*, l'une des plus importantes de Marseille, a fixé par son tarif de 1869 pour la *ligne des Indes*, le droit à percevoir sur l'or, l'argent et autres objets précieux à 1 p. 100 de leur valeur, puis elle a divisé toutes les autres marchandises en trois séries qu'elle tarife ainsi :

La première à 30 francs les 100 kilogrammes, ou à 200 francs le *mètre cube* ;

La seconde à 15 francs les 100 kilogrammes ou à 200 francs le *mètre cube* ;

La troisième à 6 francs les 100 kilogrammes ou à 40 francs le *mètre cube*, laquelle comprend *spécialement* les vins, boissons et eaux-de-vie *en fût* et *en caisse*. Déjà on a pu remarquer que le tarif des compagnies maritimes pour les liquides est basé sur le mètre cube : nous appelons ici l'attention toute particulière de ceux des actionnaires qui croyaient que l'usage pour les vins en fût était de 1 mètre 41.

La Compagnie *Fraissynel* se réserve en outre le droit de prendre au cubage toutes marchandises pesant moins de 500 kilogrammes au mètre cube.

Les tarifs de la Compagnie *Valéry* et de plusieurs autres Compagnies maritimes de Marseille, dont nous avons pris connaissance, sont tous conformes à ceux qui viennent d'être produits, sauf quelques variations sans importance sur la question du tonnage ; il n'y est fait mention que du *mètre cube* : il ne saurait en être autrement ; les diverses Compagnies, malgré la concurrence, ont un intérêt trop évident à s'accorder sur le prix principal du fret ; sinon, la lutte, en ruinant les Compagnies les moins importantes, occasionnerait aux autres des préjudices considérables et que le commerce français se refuserait à réparer; en effet, en cas de surélévation du tarif après l'extinction de la concurrence, il s'adresserait tout naturellement aux marines étrangères.

Le port de Marseille étant le plus considérable de ceux de la France, surtout pour le commerce avec l'Orient, nous ayons dû y concentrer nos renseignements, sans nous préoccuper des autres ports; d'ailleurs, outre que le défaut de temps et d'autres considérations ne nous auraient pas permis de nous y transporter, nous devions rester dans les limites du mandat qui nous avait été confié.

Si on compare les tarifs ci-dessus énoncés des Compagnies de transport français avec le droit de navigation et de tonnage de 10 francs concédé à la Compagnie de Suez par *chaque mètre cube* de la capacité des navires, on verra de suite les avantages considérables dont cette dernière est privée et dont profitent les autres : Ainsi, elles exigent un droit spécial et important de 1 à 3 % sur toutes les valeurs précieuses, malgré leur poids minime et l'espace infime qu'elles occupent dans un bâtiment à vapeur ou à voiles, tandis que la Compagnie de *Suez* ne peut percevoir que les 10 francs par mètre cube; il en résulte que les Compagnies transportant aux Indes ou en rapportant des valeurs précieuses s'élevant à un million, plus ou moins, et n'occupant pas au delà d'un tiers ou d'un quart de mètre cube, recevront de 25 à 30,000 francs, tandis que la Compagnie de Suez ne percevra pour le passage des mêmes objets que de 2 fr. 50 à 3 francs, formant le tiers ou le quart de son *mètre cube;* ensuite, les autres Compagnies, outre les tarifs différentiels suivant la nature des marchandises, ont le choix, d'après leurs poids et leurs volumes, entre un prix fixé par *mètre cube* ou par 1,000 kilogrammes, et même par 500 kilogrammes, tandis que la Compagnie de Suez ne peut exiger que les 10 francs par *tonneau de capacité*, quels que soient la nature et le poids des marchandises. Nous pourrions établir à ce sujet de nombreux calculs basés sur des hypothèses qui se réalisent constamment dans le commerce et qui prouveraient, de plus en plus, l'infériorité comparative de la Compagnie de Suez, sans rencontrer jamais une seule chance en sa faveur; mais nous espérons que cette démonstration suffira; d'ailleurs, l'intelligence du lecteur y suppléera.

Mais nous n'avons pas achevé de régler nos comptes avec le rapport de la sous-Commission et, surtout, avec l'administration de la douane : pour donner au mètre 44 cent. plus de consistance que ne lui en offraient les ordonnances et coutumes adoptées sous Louis XIV et Colbert, et, surtout, pour lui attribuer l'actualité qui lui faisait défaut, ce rapport a eu recours à une circulaire des douanes du 14 novembre 1861, dont il a tiré parti en ces termes : « Pour certaines marchan-
» dises très-légères expédiées et chargées au volume, l'affré-
» teur taxe *quelquefois* le prix du transport en rapportant le
» volume plein de caisses au *mètre cube;* mais cette manière
» *particulière* de calculer le fret ne change rien à la *valeur*
» *officielle du tonneau d'encombrement* qui a toujours été fixé à
» 1 mètre 44, ainsi que le rappellent diverses circulaires de
» l'administration des douanes, notamment la circulaire n°
» 805, du 14 novembre 1861. »

Cette appréciation contient des erreurs évidentes *en fait* et *en droit;* et d'abord, les circulaires de la douane ne sont destinées et ne peuvent servir qu'à fixer les droits qu'elle a à percevoir, et non à constituer un mode de tonnage applicable aux tarifs des compagnies et aux usages du commerce; puis, en admettant que le rapport de la sous-commission ait reproduit exactement les dispositions de ces circulaires, celles-ci se trouvent en opposition formelle avec les lois, décrets et règlements, précédemment énoncés, comme avec les tarifs adoptés par les compagnies, acceptés par le commerce, et qui s'accordent unanimement à fixer la tonne moyenne de marchandises à 1000 kil. ou au *mètre cube.*

La sous-Commission méconnaissant cette situation, à la fois notoire et authentique, et persistant dans son système a terminé son rapport sur la première question relative au tonnage dans les termes ci-après :

« Considérant que les anciennes ordonnances, toutes les
» fois qu'elles ont défini le tonneau de mer comme mesure
» de la capacité d'un navire, ont fixé sa valeur à 1 mètre 44;
» d'autre part, que le volume de 1 mètre 44 est resté en usage
» dans le commerce comme l'espace occupé sur le navire par
» le tonneau *d'encombrement* des marchandises ;

» La sous-Commission a été d'avis que le terme de tonneau
» de capacité employé dans les statuts de la compagnie devait
» s'entendre du volume de 1 mètre 44. »

Il est à remarquer que le nouveau tarif douanier imprimé à Marseille en 1867, et par conséquent destiné à ce port de mer, ainsi que le texte de loi qui y est reproduit, ne font mention que du tonneau *d'affrètement* qui est la seule et véritable expression à appliquer au chargement des bâtiments et non point du tonneau *d'encombrement* qui, dans son sens grammatical, ne peut s'appliquer qu'exceptionnellement aux marchandises légères ou dont la confection donne lieu à des vides qu'on ne peut combler : le rapport de la sous-commission l'a reconnu elle-même (p. 8) en ces termes : « Pour les mar-
» chandises plus légères, le tonneau de fret ou *d'encombre-*
» *ment* est approximativement la quantité en poids ou en vo-
» lume qu'on suppose tenir arrimée dans l'espace de 1 mètre
» 44 du navire. »

Mais de cette explication qui peut être vraie le rapport conclut faussement à l'adoption du *mètre 44 centimètres* pour la tonne de toutes les marchandises légères ou lourdes, pour lesquelles, nous ne saurions trop le répéter, les lois, tarifs et usages commerciaux ont adopté pour type le *mètre cube* ;

nous en trouvons une autre preuve toute récente dans l'article 3 du droit de statistique, adopté par l'Assemblée nationale dans sa séance du 22 janvier, il s'exprime ainsi : « Il est établi » pour subvenir aux frais de statistique commerciale un droit » spécial de 10 centimes par 1000 kilog. ou par *mètre cube* sur » les marchandises en vrac, etc., etc. » Comme cet article concerne *spécialement* la douane qui a été probablement consultée à ce sujet et qui devra percevoir le droit en question par mètre cube et non par 1 mètre 44 centimètres ne sommes-nous pas autorisé à lui appliquer ce vieil adage : *habemus confitentem reum?*

En outre, la douane qui s'est montrée si prodigue du tonneau *d'encombrement* envers la compagnie de Suez avec la fixation à *1 mètre 44*, qu'elle ne lui en permettrait pas d'autre si elle en avait le pouvoir, en est excessivement avare pour son propre compte dans la perception des droits. Ainsi, on voit dans son tarif précité de Marseille, que sur environ 1200 articles énoncés par ordre alphabétique, il n'y en a que 56 dont le tonneau soit déterminé uniquement au cubage, probablement parce qu'il y a avantage pour la douane dont la fiscalité est un devoir et une habitude ; 70 environ sont classés au cubage ou au poids, à son choix sans doute, et le surplus, c'est-à-dire, près de 1100 ne sont classés qu'au poids depuis 150 jusqu'à 1000 kilogrammes.

Quant à l'or, à l'argent, à la bijouterie et aux métaux précieux, ils sont, comme dans les bâtiments de la marine, tarifés suivant leur valeur.

La sous-Commission du tonnage, quoique assistée du concours et de l'autorité de la douane, s'est donc étrangement trompée sur la solution de la première question qu'elle s'était posée dans son rapport (p. 4) : « Que doit-on entendre » par tonneau de capacité des navires ? » Car, au lieu du *mètre cube* ordonné et pratiqué, elle a adopté un mètre 44 cent. et a prétendu l'appliquer à la Compagnie de Suez déjà si maltraitée par son droit modique et unique de 10 francs, comparativement aux compagnies de transport et à la douane elle-même.

La deuxième et dernière question posée par la sous-Commission (p. 9), est ainsi conçue :

« Comment doit-on évaluer le nombre de tonnes de capacité d'un navire ? »

Nous examinerons avec impartialité les deux solutions qu'elle a données à cette question rendue par elle très-diffuse ; nous ne voulons la traiter ni scientifiquement, ni même au point de vue du rapport de M. Charles Lesseps qui contient sur ce sujet spécial des calculs et des faits précis et pleins d'intérêt ; nous ferons seulement remarquer que la sous-Commission, en s'abstenant de les discuter, a reconnu tacitement son impuissance à les combattre avec succès : nous nous bornerons, en ce qui nous concerne, à produire les documents que nous avons recueillis pendant notre double séjour à Marseille, ainsi que ceux qui nous sont parvenus depuis lors, et à en faire l'application à cette étude.

Auparavant, il convient de placer sous les yeux du lecteur l'opinion émise par la sous-Commission dans son rapport (p. 14 et 18), et qu'elle a formulée ainsi qu'il suit :

« Pour les navires à voiles, la Compagnie est en droit de » percevoir la taxe sur le tonnage officiel évalué d'après la » méthode *anglaise* et augmentée de 30 %.

» Pour les navires à vapeur, la Compagnie est en droit de » percevoir la taxe sur le nombre de tonneaux indiqués par » le tonnage brut, déterminé d'après la méthode de jauge » *anglaise*. »

Mais, ici, nous ferons remarquer qu'il est constaté (p. 22) que l'accord s'est fait dans la sous-Commission sur ce point principal que la Compagnie ayant été constituée en France, la perception doit avoir pour base le *tonneau français*.

C'est donc là une contradiction flagrante avec l'avis émis.

par elle que la Compagnie doit percevoir le droit d'après la *jauge anglaise*. Cette contradiction n'a-t-elle pas été occasionnée par la préférence de la sous-Commission pour le tonnage *anglais*, parce qu'il se rapproche plus que le tonnage français du mètre 44 cent. qu'elle poursuit avec tant de persistance, mais qui, nous l'espérons, lui échappera au nom du droit et de l'équité?

Ensuite la tonne anglaise, outre l'inconvénient pour la mensuration d'une fraction ajoutée au *mètre cube* français, est, elle-même, variable dans son application; pour le commerce, elle est tantôt de 1 mètre 13 cent., tantôt de 1 mètre 40 cent., et pour la douane, de 1 mètre 83 cent. Il est à remarquer que pour arriver au jaugeage anglais la sous-Commission n'a eu aucun égard au droit de navigation qui appartient à la Compagnie de Suez et à son application à la capacité totale des bâtiments; elle a admis une diminution de 35 p. 100 pour la place occupée par l'équipage, les agrès, etc., et de 25 p. 100 pour l'emplacement des machines et du charbon; il en résulterait que la Compagnie n'aurait plus à percevoir que 40 p. 100 sur la capacité des navires mesurés, toujours d'après elle, à raison de 1 mètre 44 cent. au lieu du *mètre cube*, et à partir du dessous du pont jusqu'à la cale : puis, la sous-Commission ignore, sans doute, deux faits importants que nous avons recueillis à Marseille : Le premier, c'est que les armateurs reçoivent *habituellement* des marchandises sur le pont jusqu'au-dessus du bastingage, et même parfois jusqu'à la dunette; que pour les garantir contre la pluie et les gros temps, elles sont couvertes par des prélarts et, ce qu'il y a de plus important, c'est qu'elles sont acceptées par les Compagnies d'*assurances*; le deuxième fait, c'est qu'au moyen des nouvelles machines à cylindres latéraux ou superposés, dont l'usage déjà répandu en Angleterre commence à s'introduire en France, l'emplacement de l'appareil est diminué de près de moitié et celui des soutes à charbon de près des trois quarts. Nous nous croyons donc autorisé à conclure de ces deux faits que les marchandises placées au-dessus du pont et qui échappent ainsi au droit de la Compagnie, compenseraient largement l'emplacement destiné à l'équipage ainsi qu'aux machines, emplacement qui est, d'ailleurs, considérablement exagéré dans le rapport de la sous-Commission, d'après les renseignements que nous avons pris sur les lieux; car nous avons pu constater sur les steamers à bord desquels nous sommes monté que l'emplacement des anciennes machines et des soutes à charbon n'atteignait pas 20 p. 100 de la capacité des navires, et que celui réservé à l'équipage était inférieur à 10 p. 100.

La sous-Commission, on se le rappelle, a constaté elle-même que la *majorité* des navires traversant le canal transportaient un nombre de tonnes de marchandises *bien supérieur* au tonnage officiel résultant des *papiers de bord*. Nous sommes fondé à croire, d'après les renseignements pris sur place, que cette *majorité* serait d'environ les quatre cinquièmes, et que le cinquième restant se compose des navires de l'Etat ou des grandes Compagnies maritimes subventionnées, qui transportent, les uns des troupes et des valeurs, les autres également des valeurs, des matières précieuses et des marchandises riches. Le préjudice qui résulte de cet état de choses pour la Compagnie de Suez est donc énorme : nous ne pouvons ni ne voulons l'apprécier ; nous craindrions de l'exagérer ou de le diminuer ; les éléments font défaut. Il y a dans les papiers de bord des diverses nations, et même dans ceux d'un même pays, tant de variations et de discordances, que c'est un véritable chaos. La méthode anglaise à laquelle on veut renvoyer la Compagnie de Suez n'en est pas plus exempte que les autres : Nous en trouvons la preuve dans l'extrait suivant du rapport de la Commission de jaugeage instituée en France en 1865 par M. le Ministre du commerce.

« M. le Consul de France à Blyth adresse à M. le Ministre
» des affaires étrangères une note au sujet des plaintes for-
» mulées par les capitaines de navires français qui fréquen-
» tent ce port ; ils allèguent comme preuve de l'inexactitude
» de la règle anglaise, que s'il arrive qu'elle soit appliquée
» à plusieurs reprises à un même navire, on est certain que
» chaque fois elle donnera des résultats différents. A l'appui
» de cette assertion M. le Consul produit trois certificats de
» jauge du sloop de Dunkerque le *Cent-quatre d'Harfleur :*

» Le premier, établi à Hartlepool, qui le jauge à 92 tonnes
» 41 ;

» Le second, également à Hartlepool, mais à une époque
» différente, qui le jauge à 82 tonnes 47 ;

» Le troisième, établi à Blyth, qui le jauge à 79 tonnes 94. »

Nous n'insisterons pas sur ces discordances ; le rapport
de M. Ch. Lesseps contient à cet égard des détails variés et
précis.

On ne saurait, sans manquer à l'impartialité, reprocher le
règlement *provisoire* de 1869 sur le droit de transit perçu
d'après les papiers du bord, ni à l'administration, ni à M. Ferdinand de Lesseps, le fondateur de l'œuvre la plus grandiose
des temps modernes. On doit admettre qu'à l'ouverture du
Canal, en 1869, il pouvait y avoir intérêt à favoriser les pre-
miers bâtiments qui se présenteraient, d'autant plus que ce
n'était qu'à *titre provisoire et jusqu'à nouvel ordre ;* puis, on
attendait, pour un règlement définitif, que les divers gouvernements eussent adopté un mode uniforme de jaugeage, alors
en projet dans les chancelleries ; on ne pouvait prévoir que
non-seulement la réalisation de ce projet serait indéfiniment
ajournée, mais même qu'en attendant, les gouvernements
favoriseraient leur marine au détriment du Canal de Suez, au
moyen des *papiers de bord.*

Une expérience de près de trois ans, la privation pour les
actionnaires de tout dividende et même de tout intérêt,

l'abaissement de la valeur de leurs titres malgré l'augmentation continue du transit, l'émission d'un nouvel emprunt (les bons trentenaires) pour achever le payement des coupons des obligations, les projets plus ou moins sérieux de vente du Canal dont il est question, tout indique la nécessité et l'urgence de mettre fin à un provisoire aussi désastreux. L'administration, et après elle, l'assemblée générale, ne sauraient hésiter à rentrer dans les termes de la concession faite à la Compagnie de Suez et à affirmer son droit.

Deux objections sont faites à son application :

La première consisterait dans la prétendue impossibilité de jauger la capacité du bâtiment sans décharger les marchandises, ce qui entraînerait des pertes de temps et d'autres inconvénients : mais, d'abord, cette opération ne serait nécessaire que pour la moitié intérieure du navire dont le chiffre doublé donnerait la mesure de la capacité totale ; puis, les armateurs, prévenus de cette équitable exigence, auraient probablement le soin, pour qu'on pût prendre les mesures sans décharger, de ménager dans le milieu un petit couloir où ne seraient entreposées que des marchandises faciles à déplacer et à replacer ; d'ailleurs, cette mensuration n'aurait lieu qu'une seule fois pour chaque bâtiment : son origine, sa dénomination, sa description ainsi que la jauge de sa capacité seraient inscrites sur un registre spécial ; l'identité en serait constatée à chaque passage et les droits seraient perçus immédiatement.

D'un autre côté, nous avons été directement informé de l'existence de deux projets de *jaugeage* au moyen desquels tout déchargement serait évité et l'opération de cubage très-simplifiée ; l'un émane de M. Deyrolle, secrétaire du Comité central des actionnaires, qui a bien voulu nous en communiquer le croquis ; nous l'avons soumis à Marseille, à l'examen de plusieurs personnes compétentes, entre autres à des capitaines marins, qui tous l'ont trouvé ingénieux et applicable.

L'autre projet se trouve annoncé dans une lettre qui nous a été adressée par M. de Sandfort, ingénieur d'escadre sur l'Océan, et dont nous détachons les passages suivants :

« Je suis heureux, Monsieur, que le commandant Dangeville
» m'ait donné l'occasion de vous être agréable en vous four-
» nissant tous les renseignements qui peuvent vous intéresser.

» Les méthodes actuelles *de jauge* peuvent mettre la Com-
» pagnie (*de Suez*) en perte de 30 à 40 p. 100 et même da-
» vantage sur les capacités intérieures des navires : il est
» donc d'un très-grand intérêt pour elle, de disposer *d'un*
» *moyen pratique, simple et expéditif* pour mesurer avec une
» aussi grande exactitude que possible, la capacité intérieure
» des navires, tant à voiles qu'à vapeur, *sans rompre charge.*

» Ce moyen, après avoir longuement étudié cette importante
» et difficile question, je l'ai trouvé et je puis m'en garantir
» la propriété par un brevet, etc. »

Ces deux projets, ainsi que d'autres qui surgiraient proba-blement, seraient confrontés et le meilleur serait adopté.

La deuxième objection soulevée serait en apparence plus sérieuse et plus grave : on prétend que l'exercice du droit de la Compagnie aurait pour résultat de diminuer le transit par le canal, en faisant prendre à une partie des navires la route du cap des Tempêtes; ce serait, dit-on, l'opinion qu'auraient exprimée les compagnies maritimes et les chambres du commerce appelées à une enquête: mais leur opinion est-elle impartiale et n'est-il pas naturel qu'elles s'efforcent de maintenir un état de choses qui leur est si commode et si profitable, *les papiers de bord?* A ce sujet, nous ferons remarquer que les navires destinés au canal de Suez n'ont pu et ne peuvent raisonnablement être armés et construits en vue d'un tarif qui n'a été admis que *provisoirement* et jusqu'à *nouvel ordre,* mais bien en vue du droit primitif de la Compagnie rendu public, bien notoire et auquel ces deux conditions très-significatives de *provisoire, jusqu'à nouvel ordre,* ont donné une nouvelle consécration, en même temps qu'elles en ont prescrit la prochaine application. Puis, les navires à vapeur qui forment la presque totalité du transit par le canal (car les navires à voiles n'y figurent guère que pour 1/50) ne prennent pas la voie du cap de Bonne-Espérance par de nombreux motifs, la différence énorme des distances, les tempêtes fréquentes dans les mers de l'équateur et rares dans la mer Rouge, la difficulté des approvisionnements de charbon et une consommation beaucoup plus considérable, une prime d'assurance triple, la concurrence ruineuse que leur feraient les bâtiments qui persisteraient à transiter par le canal, au moyen de transports plus rapides et plus répétés des marchandises, les bénéfices d'intérêts en résultant, etc., etc.

Un rapport de M. Charpy, lieutenant de vaisseau, chargé de la direction de la navigation dans le canal de Suez, en date du 12 août dernier, constate que le prix du fret par tonne, de Calcutta à Londres, qui, avant l'ouverture du canal était pour la soie et le thé de 12 livres sterling en traversant l'Egypte, et de 8 livres par voilier passant par le Cap, est descendu en juillet dernier, à 5 livres sterling, depuis la traversée par le canal.

A ces diverses considérations et à d'autres qui nous ont échappé, ou dont l'exposé serait trop étendu, nous en ajouterons une autre qui nous a paru très-significative : on a vu que l'armateur ou l'affréteur fait payer ses transports par chaque nature de marchandises, au poids, au volume ou à la valeur, à son choix ; ce seraient donc en définitive celles-ci qui supporteraient le surplus du droit de transit dû à la compagnie ; réparti sur chacune d'elles, il serait presqu'inaperçu, ainsi que l'observation nous en a été faite à Marseille : aujourd'hui, la moyenne des stéamers dont la dimension augmente sans cesse, est supérieure à 1200 tonnes de marchandises représentant une valeur de plus de 2 millions de francs ; en supposant que le droit de la compagnie s'exerçât sur 1000 tonnes au plus, car il faudrait en distraire le chargement sur le pont qui est affranchi du droit, il en résulterait un supplément d'environ un tiers ou moitié, soit 4 à 5000 francs, qui, répartis sur 2 millions de marchandises, n'en augmenteraient la valeur que d'environ 1/4 p. 100 : Ainsi un kilog. de sucre valant 2 fr., soit 200 centimes, supporterait une augmentation d'environ 1/2 centime, c'est-à-dire une fraction minime, presqu'insensible, même pour le consommateur; il en serait de même pour le coton, et, à plus forte raison pour les marchandises riches, telles que la soie et le thé, etc., etc.

Aussi, lorsque nous avons demandé à Marseille comme partout ailleurs, des renseignements sur les résultats de la perception intégrale du droit de la compagnie comparativement au règlement provisoire actuel, en ce qui concerne le mouvement de la navigation par le canal, avons-nous rencontré des appréciations uniformes et tout à fait en harmonie avec les faits ci-dessus énoncés. Nous croyons donc que toutes les probabilités militent en leur faveur. N'est-ce pas là tout ce que peut désirer la sagesse humaine sur une question dont la solution appartient à l'avenir?

A l'appui de ces probabilités nous produisons un document qui nous a été communiqué pendant notre dernier séjour à Marseille et qui, nous n'en doutons pas, sera agréable aux porteurs des titres de Suez, en même temps qu'il aura l'assentiment du commerce français tout entier ; il justifie de plus en plus la nécessité d'un second chemin de fer de Calais à Marseille, dont la demande est déjà déposée au ministère des travaux publics. Nous informons donc les actionnaires qu'on s'occupe sérieusement à Marseille de la création d'une flotte considérable de bâtiments à vapeur destinés au canal de Suez; il est évident que le commerce français en général, et Marseille surtout, y ont un grand intérêt, notamment pour lutter contre la concurrence de Brindisi, de Trieste, de la

Suisse par le St-Gothard, etc. Nous avons demandé à l'auteur principal de ce projet s'il pensait que l'application du droit complet de la Compagnie au transit du canal, et par conséquent, l'élévation du *tarif provisoire actuel*, fût un obstacle à la création de cette flotte; sa réponse négative et raisonnée a confirmé de plus en plus les faits et les appréciations précédemment énoncés. Nous regrettons que l'auteur de ce projet si intéressant pour les actionnaires, ne nous ait pas permis de donner *actuellement* d'autres détails, mais il est probable qu'il ne tardera pas à les publier; nous nous empressons, en attendant, de lui en réserver et de lui en assurer, au besoin, tout le mérite. Nous reproduisons l'extrait ci-après d'un nouveau journal de Marseille, qui a pour titre l'*Intérêt public*, et qui paraît confirmer ce projet et sa prochaine réalisation; nous sommes, d'ailleurs, fondé à croire qu'il en a connaissance :

« Ouvrez le journal de l'isthme de Suez : chaque quinzaine » on signale des passages plus nombreux; la compagnie anglaise Peninsular vient de construire 12 steamers destinés » au commerce des Indes par la voie de Suez. Croyez-vous » que nous voulons et que nous devons rester en arrière de » ce mouvement?

» Comme les Anglais, nous devons songer à augmenter » notre matériel naval et *constituer une Compagnie des Indes*. » Nous avons en face de nous, grâce à l'œuvre de M. de Lesseps, » la mer Rouge, les Indes, la Chine, le Japon, l'Australie, » notre colonie de Cochinchine, etc.; tout cela promet à Marseille un tonnage double ou triple de celui qu'elle reçoit et » qu'elle expédie en ce moment. Une seule voie ferrée ne » suffit pas aujourd'hui; qu'il y en ait deux en concurrence, » et dans dix ans, toutes les deux suffiront à peine. »

Dans un autre numéro tout récent, le même journal de Marseille, l'*Intérêt public*, donne des renseignements significatifs sur les projets et les menaces de la Prusse. Nous les mettons sous les yeux du lecteur, en nous réservant de rectifier l'erreur dérisoire qui les termine :

La Prusse et l'Allemagne cherchent par tous les moyens possibles
à nous ravir la prépondérance commerciale qui a fait notre fortune,
et à achever ainsi notre ruine, commencée sur les champs de bataille. En voici la preuve : Dans un ouvrage publié récemment à
Berlin, sous le titre : le *Canal de Suez* et l'*Allemagne*, nous lisons ce
qui suit : Afin de restituer son autonomie au commerce allemand en
Asie et de l'arracher à la dépendance de l'Angleterre et de la France, il
faut former dans notre Allemagne une union pour l'utilisation du Canal
de Suez, une union dans laquelle seront représentés le négoce et l'industrie, et qui nous conduira *sûrement et promptement* au but dont
nous avons montré la grandeur. Agissons donc et profitons de la révolution qui s'opère dans les rapports commerciaux; constituons
notre union, et nous atteindrons à des résultats extraordinaires; nous
ferons, pour ainsi dire, *nôtre, la grande œuvre de la Compagnie
française. La France aura la gloire d'avoir construit le canal,
l'Allemagne recueillera les fruits de cette entreprise qui ne lui aura
rien coûté.*

Mais, contrairement à cette ironique allégation, *la France
n'a pas et ne peut pas avoir la gloire d'avoir construit le Canal;*
elle n'y a nullement contribué; son gouvernement ainsi que
le Corps législatif ont refusé tout subside à cette œuvre au
moment où elle en avait le plus pressant besoin; ils ont même
hésité à lui permettre l'émission *des obligations*. D'ailleurs, la
Compagnie de Suez est constituée à titre *anonyme* et *universel;* elle est absolument *neutre*, et n'a ni patrie, ni nationalité; elle a son siége à Alexandrie, et n'a à Paris que son
domicile administratif. Le vice-roi d'Egypte possède près de
la moitié des actions et si l'autre moitié appartient, en majeure partie, à des Français, c'est que les étrangers n'ont
voulu en acquérir qu'une faible part.

En résumé, *l'honneur* du percement de l'Isthme de Suez
appartient exclusivement à M. Ferdinand de Lesseps; le profit, au commerce du monde entier, par une abréviation con

sidérable des distances et une diminution sensible des dépenses ainsi que des sinistres maritimes.

Le commerce a reconnu et accepté, sans exprimer aucune plainte, le droit *primitif* de la Compagnie sur le transit du Canal, comme rémunération d'un capital de 200 millions prévus dans l'origine.

Aujourd'hui ce capital se trouve plus que doublé par suite de travaux et d'événements imprévus, sans qu'aucune augmentation ait été apportée à ce droit primordial de rémunération.

Dans cette situation, alors que les actionnaires sont, depuis près de trois années, privés de tout intérêt, à la suite des désastres de la France, dont la plupart d'entre eux ont subi ou subiront leur part, ceux-ci ne sont-ils pas fondés à réclamer l'application pleine et entière d'un droit aussi modéré, qui ne peut apporter aucune perturbation dans le commerce et ne pèsera sur la consommation que d'une manière insensible ?

Le commerce, lui-même, peut-il, sans manquer d'équité et de dignité, se plaindre de la réforme d'un abus dont il n'a profité qu'à l'aide d'un règlement déclaré *provisoire et jusqu'à nouvel ordre : les papiers de bord ?*

Poser ces deux questions, n'est-ce pas les résoudre ?

Enfin, ce qui assure la durée et la stabilité de la Compagnie de Suez et la met à l'abri des complications de la politique et de la diplomatie, c'est sa *neutralité :* Toutes les nations ayant, au double point de vue politique et commercial, un intérêt majeur au libre transit par le Canal, se ligueraient nécessairement contre celle qui tenterait de s'en emparer. Quant au rachat, il semble difficile qu'elles parviennent à s'entendre d'abord, sur les moyens de maintenir *efficacement la neutralité*; ensuite, sur la fixation, concurremment avec la Compagnie, de la valeur des actions qui ont une durée de près d'un siècle, dont le produit provisoire et fictif ne fait que commencer, ainsi que des terrains considérables qui appartiennent à la Compagnie tout le long et sur les deux côtés du Canal ; puis sur la quotité du remboursement des obligations, délégations et bons trentenaires avec leurs droits de lots et primes, jouissances, intérêts divers et accroissement de capital ; et, en définitive, sur la répartition entre toutes les nations des sommes énormes à fournir pour satisfaire des intérêts d'autant plus légitimes, que les actionnaires, indépendamment de leurs capitaux, ont couru des chances aléatoires indiscutables, puisqu'elles n'ont cessé d'être ironiquement critiquées. Tout indique donc que les divers gouvernements reculeront devant ces graves et nombreuses difficultés et qu'ils préféreront laisser à la charge du commerce tout entier, un *droit modéré* qui, réparti sur chacun des navires, restera toujours plus équitable qu'une appréciation éventuelle et inévitablement sujette à des modifications, *droit* peu sensible et qui le deviendra de moins en moins, comparativement aux économies et aux immenses avantages résultant du transit par le Canal ; *droit* qui dispensera chaque nation du payement ou de l'emprunt d'un capital important.

Nous regrettons que ces documents et considérations n'aient pas été présentés par une main plus habile ; mais ce que nous pouvons affirmer, c'est que nous n'avons accepté que ceux qui nous ont paru avoir un caractère prononcé de véracité ou de notoriété, et que nous avons rejeté ceux qui nous ont semblé incertains ou spécieux et ils sont nombreux. Nous n'avons pas, d'ailleurs, la prétention d'avoir traité à fond une matière aussi complexe, mais seulement d'avoir réfuté certaines erreurs et d'avoir éclairé des points qu'elles ont pu rendre obscurs. La conscience nous dit que nous avons fait tout ce qui dépendait de nous pour accomplir la mission dont nous étions chargé. Nous espérons que l'avenir, ou plutôt que la Providence secondera nos faibles efforts.

MORELLET , *ancien notaire.*

300. Grenoble, imprimerie de A. BARATIER. 6545.